COLLECTION LEMASSON

Vente du Samedi 17 Février 1912

HOTEL DROUOT, Salle N° 7

N° 180 du Catalogue.

ESTAMPES MODERNES

DESSINS

Bronzes -- Miniatures Persanes

Me ANDRÉ DESVOUGES

MM. LEO DELTEIL et A. LE CORBEILLER

CH. BRANDE
IMPRIMEUR
23, RUE DE L'ÉGLISE
LE VÉSINET

CATALOGUE

D'ESTAMPES

MODERNES

PAR

BRACQUEMOND, CARRIÈRE, CHAHINE, COROT, DAUMIER, DELACROIX, FORAIN, GAILLARD, HADEN (S.), HELLEU, ISABEY (E.), LAUTREC, LEGROS, LEPÈRE, LUNOIS, MILLET, PRUD'HON, RAFFET, RODIN, STEINLEN, WILLETTE, etc.

ŒUVRE DE FANTIN-LATOUR

DESSINS

par CÉZANNE, A. FAIVRE, J.-L. FORAIN, GAUGAIN, C. GUYS, HUARD, PINARD, St-MARCEL, STEINLEN, TEN CATE, etc.

BRONZES

par A. CHARPENTIER et C. MEUNIER

MINIATURES PERSANES et INDO-PERSANES

Dont la Vente aura lieu à Paris

HOTEL DROUOT, Salle n° 7

Le SAMEDI 17 FÉVRIER 1912, à 2 heures précises

Par le Ministère de Me ANDRÉ DESVOUGES, Commissaire-Priseur

26, Rue Grange-Batelière

Assisté de MM. LÉO DELTEIL et A. LE CORBEILLER

MARCHANDS D'ESTAMPES-EXPERTS

38, Rue de Châteaudun, 38 — PARIS (IXe)

CONDITIONS DE LA VENTE

Elle sera faite au comptant.

Les adjudicataires paieront *dix pour cent* en sus des enchères.

MM. Léo Delteil et A. Le Corbeiller rempliront les commissions que voudront bien leur confier MM. les amateurs ne pouvant y assister.

MM. les amateurs pourront visiter la Collection du Lundi 12 au Vendredi 16 Février, **38, Rue de Châteaudun**.

ESTAMPES

ADAM (V.)

1. Portraits équestres. — Costumes et Scènes Militaires. — Douze pièces, *la plupart sur chine*.

APPIAN (Ad.)

2. Paysages. Trois pièces, épreuves *sur japon*, *2 signées*.

BALLIN (A.), BARILLOT (L.), BEAUVERIE (C.), DESBROSSES (L.), GUILLON (Ad.)

3. Windsor-Castle. — Greenwich. — Vue de Gravesend. — Verger au Printemps. — Les Bords de l'Oise. — Auberge de Campagne. — Après-midi d'Automne. — Le Verger, etc. Onze pièces, belles épr. *avant la lettre, sur hollande, chine et japon*.

BELLERY-DESFONTAINES, FAIVRE (A.)

4. La Soif. *Imprimé en couleurs.* — Baigneuse. *Sur chine.* — Deux pièces, belles épreuves.

BESNARD (P.-A.)

5. Quatre têtes de femmes. Belle épr. sur *japon, signée et numérotée* (tiré à 10 épr.).

BODMER (Karl)

6. Daims dans un Parc. — Forêt de Fontainebleau, Bas-Préau. — Deux pièces. Très belles épreuves, *avant la lettre, sur chine volant.*

BOILLY (L.)

7. Grimaces. — Réunion de neuf pièces, épreuves *coloriées*, 3 à toutes marges.

8. — Le Départ ; Le Retour. — Vous serez heureuse en ménage... — La Mauvaise Nouvelle. — Le Jeu de Cartes ; le Jeu de Dominos. — Six pièces, épreuves *coloriées.*

BOILVIN (E.)

9. Baigneuse. Deux épreuves des *1er et 2e états.* Très belles épr. sur *hollande.*

BONINGTON (R.-P.)

10. Tour du Gros Horloge, à Évreux. — Croix de Moulin les Planches. — Église St-Sauveur. — Edimbourg, vu du Calton-Hill. — Glenfinlas, etc. — 7 pièces, belles épreuves *(3 sur chine).*

BONVIN (Fr.)

11. Sortie de Cave. — Fileuse bretonne. — Le Guitariste. — Le Graveur. — Quatre pièces, belles épreuves *avant la lettre* (sauf 1) sur *hollande et japon*

BRACQUEMOND (F.)

12. Goncourt (Edmond de) (Béraldi 54). Superbe épreuve du *2e état, à l'eau-forte pure.* Tiré à 6 exemplaires.

13. — La même pièce. Superbe épreuve de l'*état terminé, sur parchemin, signée* (Tiré à 25 épr.).

14. — Sujets tirés des Fables de La Fontaine : La Laitière et le Pot au lait. — L'Enfant et le Maître d'Ecole. — Philomèle et Progné. — Le Pot de terre et le pot de fer. — L'Enfouisseur et son compère. — Le Petit poisson et le pêcheur. — Le Héron. — L'Huître et les Plaideurs (H. B. 100-107). — Suite de 8 pièces, très belles épreuves *imprimées sur papier ancien.*

15 — Le Haut d'un battant de porte (110). Très belle du *3e état, avec la date de 1852, le titre à la pointe et avant la planchette et le quatrain.*

16. — Puiseuses d'eau. D'après J.-F. Millet (785). Très belle épreuve d'*artiste, signée.*

17. — Automne. D'après J.-F. Millet (788). Très belle épreuve d'*artiste, sur japon, signée.*

18. — Service de Table (de la maison Rousseau). Suite de 13 pièces, très belles épreuves *sur hollande* (Béraldi 530-554).

Suite *très rare*, dont nous possédons les nos 1 2, 8, 9, 12, 13, 15, 16, 19, 21, 22, 23, 24 et 25.

19. — Service Parisien (de la maison Haviland) (B. 564-574). — Suite de 12 pièces (sur 13). Très belles épreuves sur *hollande* (Très rares).

BRACQUEMOND (F.), BROWN (J.-L.) LEGROS (A.)

20. Vue du Pont des Saint Pères. — Le Passage du Gué. La Mort et le Bucheron. — Trois pièces, belles épreuves.

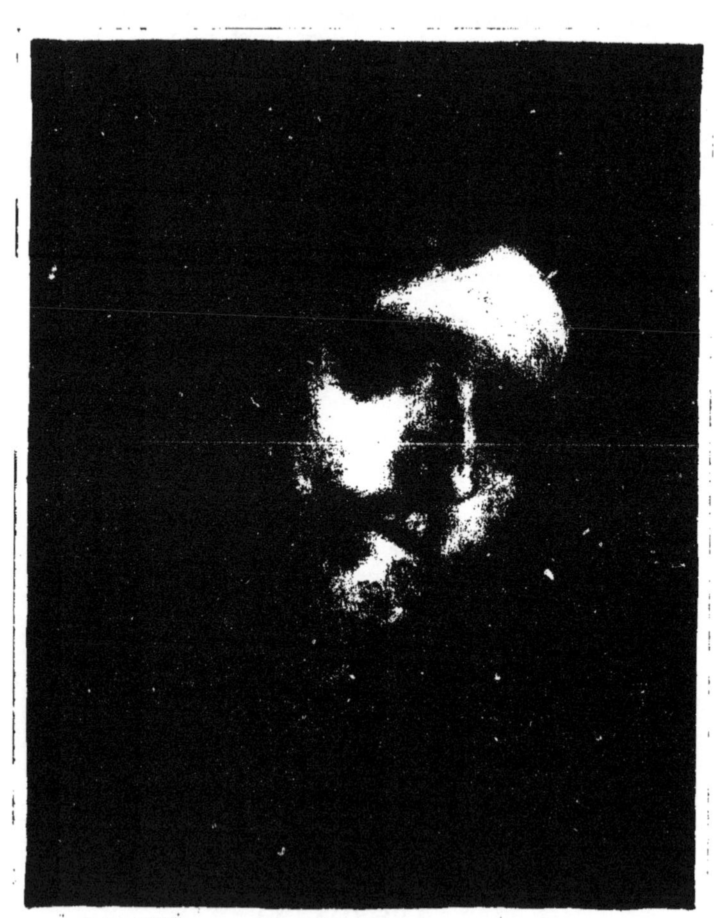

N° 22 du Catalogue

CARRIÈRE (Eug.)

21. Marguerite Carrière. Très belle et *rare* épreuve *appliquée sur japon, signée.*

22. — Daudet (Alphonse). Très belle épreuve sur *chine appliquée, signée et timbrée.*

23. — Jean Dolent. Très belle épreuve sur *japon.*

24. — Puvis de Chavannes. Très belle épreuve sur *chine appliquée, signée.*

25. — Rodin (Auguste). Très belle épreuve *appliquée sur japon, signée.*

26. — Verlaine (Paul). Très belle épreuve d'*état.*

27. — Le Baiser Maternel. Très belle épreuve sur *chine volant.*

28. — Le Sommeil. Très belle épreuve sur *chine monté.*

29. — Tête de femme, le menton dans la main droite. Très belle épreuve sur *chine monté.*

CASONOVA, CHIFFLART, GOENEUTTE, FEYEN-PERRIN, LANÇON, LALAUZE, LEPIC LELOIR et WORMS

30. L'Éducation de l'Oiseau. — Andalouse. — Mélancolie. — Femme des bois. — Le Printemps. — Arabes à l'Abreuvoir. — La Fête à Maman. — La Soupe à Bébé. — Lion et Lionne. — Roule Dada. — Env. de Dordrecht. — Chaque âge à ses plaisirs. — Un Gallego, etc. — Vingt-cinq pièces, belles épreuves *avant la lettre*, sur *hollande, chine et japon* (1 avec la lettre).

CÉZANNE (P.)

31. Le Bain. Très belle épreuve *imprimée en couleurs*, sur *chine monté*, *signée*.

CHAHINE (Edgar)

32. Lérand, rôle de Rodin. Très belle épreuve, *signée*. Encadrée.

33. — Contraste. — Les Lutteurs. — Deux pièces, très belles épreuves, la 1re avec *dédicace signée*.

34. — Femme au Bar. Très belle épreuve *avec dédicace signée*. Encadrée.

35. — Le Tombereau. Très belle épreuve sur *japon*, *signée et numérotée* (n° 13). Encadrée.

CHARPENTIER (A.), CHÉRET (J.)

36. En Zélande. Lithographie *imprimée en couleurs et gaufrée*. Très belle épr. *signée et numérotée*. — Parisienne. Très belle épr. *imprimée en sanguine*, sur *japon*.

COROT (J.-B.-C.)

37. Paysage d'Italie (Loys Delteil 7). Très belle épreuve du *2e état*.

38. — Campagne boisée (L. D. 8). Belle épreuve.

DAUBIGNY (C.)

39. Les Bords du Cousin (F. H. 63), *Imp. Delâtre.* — Les Petits oiseaux (65). *Imp. Delâtre.* — L'Automne (66). 2 épr. de l'*Artiste.* — Le Bac (68). Epr. *avant l'adresse.* — La Pêcherie (69), 2 épr., dont l'une *avant l'adresse;* la 2e avec celle de *A. Baillet.* — Les Cerfs au bord de l'eau (72). *Imp. Delâtre.* — Le Berger et la bergère (112). — Ens. Neuf pièces, épr. sur *chine monté* (1 sur blanc).

DAUMIER (H.)

40. Actualités. 6 planches. — Les Beaux jours de la vie : pl. 37, 92 et 99. — Les Cinq Sens ; pl. 1. — Croquis d'expression, pl. 5. — Histoire Ancienne, pl. 5, 17, 19, 36, 38 et 41. — Mœurs conjugales, pl. 8. — Monomanes, pl. 1. — Salon de 1840. — Silhouettes, pl. 1.— Souv. du Congrès de la Paix, pl. 2 — Tout ce qu'on voudra, 2 planches. — Voyage en chine, pl. 23. — Vulgarité, pl. 2. — Ensemble 26 pièces, dont 13 en noir et 13 *coloriées.*

41. — Mr Choiseul, dit le duc. — Mr Guiz... — Mr Odieux. — Mr Vieux-Niais. — Ch. de Lam... — Sou... — Six pièces, belles épreuves, dont 3 sur *papier de chine* (*Rares*).

DELACROIX (Eug.)

42. Médailles antiques (Loys Delteil 43 à 46). Quatre pièces, belles épr. de l'Artiste, sur *chine monté.*

43. — Hamlet. Treize sujets dessinés par Eug. Delacroix. *A Paris, chez Gihaut frères. (Lith. de Villain).* Suite de couverture et 13 planches sur *chine monté*, à t. marges (3 sur blanc).

DESBOUTINS (M.)

44. Desboutins, par lui-même (2 épr.). — Willette (2 épr.). — Puvis de Chavannes (2 épr.). — Th. de Banville (2 épr.). — Étude (2 épr.). — Ens. dix pièces, publiées par l'Artiste.

DIVERS

45. Costumes, sujets divers, par Raffet. 7 pièces sur *chine* (1 sur blanc). — Titres de Romances, Sujets divers, par C. Nanteuil, 7 pièces sur *chine* (1 sur blanc). – Oiseaux, par Fielding. 2 pièces sur *chine.* — Vues de Paris, par Arnout, Pernot, etc., 6 pièces. — Caricatures, etc. — Ens. vingt-neuf pièces *(5 coloriées).*

EAUX-FORTES

46. Sujets divers, gravés par Greux, Courtry, Gaucherel, Ramus, Deville, Leterrier; Leenhoff, Bocourt, Mongin, Lucas, Le Rat, etc., d'après Rubens, Téniers, Van Ostade, Ruysdaël, Constable, Pasini, etc. 35 pièces, belles épreuves *avant la lettre*, sur *parchemin*, *chine et japon*.

47. — Sujets divers, Eaux-fortes originales de Balfourier, Burnand, Darjou, A. Dumaresq, de Los Rios, Maso Gilli, Montbard, G. Niel, Palizzi, Vion, etc. — Trente pièces, belles épreuves *avant la lettre*, sur *hollande, chine et japon*.

FANTIN-LATOUR (H.)

48. Rinaldo, 2e planche (19). Belle épr. du *2e état*, sur *chine monté*, *signée*.

49. — Le Poëte et la Muse (45). Belle épreuve du *1er état, avant le nom de l'imprimeur* (tiré à 7 ex.).

50. — Harold dans les Montagnes (49). Très belle épreuve sur *chine monté, signée.*

51. — Italie ! (52). Très belle épreuve du *1er état, avant l'adresse de l'imprimeur* (tiré à 7 épr.).

52. — Evocation d'Erda, 2e planche (54). Très belle épreuve *sur chine monté, signée.*

53. — La Fée des Alpes, 2e planche (55). Très belle épreuve sur *chine monté, signée.*

54. — Vérité (56). Très belle épreuve *imprimée sur papier bleuté, avec dédicace signée.* (Tiré à 25 épr.).

55. — Poèmes d'Amour, 2e planche (58). Très belle épreuve du 2e *état, sur chine monté, signée.*

56. — Parsifal et les Filles-Fleurs (59). Très belle et rare épreuve, sur *chine monté, signée.*

57. — Finale du Vaisseau-Fantôme, 2e planche (60). Très belle épreuve sur *chine monté, signée.*

58. — Religions et Religion (91). Très belle épreuve du *2e état, sur chine monté, signée.*

59. — A Victor Hugo (92). Très belle épreuve du *1er tirage* sur *japon fort, signée.*

60. — Le Mage Balthasar et Fatime (97). Très belle et *rare* épreuve du *2e état,* sur *chine monté, avec dédicace signée* (Tiré à quelques épreuves).

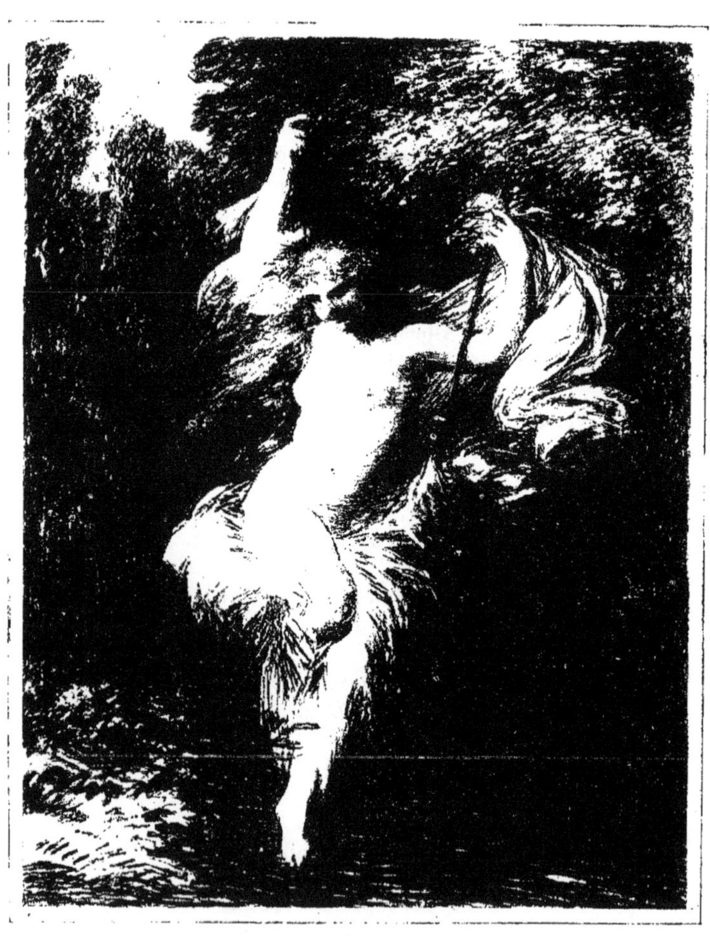

N° 62 du Catalogue

61. — La même pièce. *Contre-épreuve.* Belle épr. sur *chine monté.* Encadrée.

62. — Sarah la baigneuse, 2e planche (99). Très belle épreuve *sur chine volant* (Tiré à 25 épr., pierre effacée).

63. — Duo des Troyens, 5e planche (116). Très belle et *rare* épreuve du *1er état, sur chine volant.*

64. — La même pièce. Très belle épreuve du *3e état, sur chine volant.*

65. — Sémiramide (118). Très belle et *rare* épreuve du *1er état, sur chine volant.*

66. — La même pièce. Très belle épreuve du *2e état, sur chine volant.*

67. — Dernier thème de R. Schumann (119). Très belle et *rare* épreuve du *1er état, avant les retouches, sur chine volant.* (Tiré à 4 épr.).

68 — La même pièce. Très belle épreuve du *2e état, sur chine volant.*

69 — A Berlioz, petite planche (120). Très belle épreuve du *3e état, sur chine volant.*

70. — Vision (122). Très belle et rare épreuve du *1er état, avant les retouches, sur chine volant.*

71. — La même pièce. Très belle épreuve du *3e état, sur chine volant.*

72. — Vénus et l'Amour, 2e planche (124). Très belle épreuve *sur chine, signée.*

73. — La même pièce. Très belle épreuve sur *japon, signée.*

74. — Baigneuses, moyenne planche (125). Très belle épreuve *sur chine volant, signée.*

75. — Baigneuses, 3e grande planche (128). Très belle épreuve *sur chine volant, signée.*

76. — Les Baigneuses, 4e grande planche. 1898. (130). Très belle épreuve sur *chine monté.*

77. — Vénus et l'Amour, grande planche (131). Très belle épreuve du *2e état, sur chine monté, signée.*

78. — A Berlioz, grande planche (132). Très belle épreuve du *2e état, avec remarques, sur chine monté.*

79. — Danses. 1898 (140). Très belle épreuve sur *chine monté.*

80. — Gœtterdæmmerung : Siegfried et les Filles du Rhin, 4e planche (141). Très belle épr. sur *chine monté.*

81. — Evocation de Kundry, 4e planche. 1897 (142). Très belle épreuve sur *chine monté.*

82. — Prélude de Lohengrin, 2e planche (146). Très belle épr. sur *chine monté.*

83. — Étude pour l'Ève (147). Très belle épreuve du *2e état, sur japon, signée.*

84. — A Rossini (160). Très belle épreuve *avec remarque, sur chine volant.*

85. — Illustrations pour les Poésies d'André Chénier (161-172). — Suite complète de 12 lithographies. Très belles épreuves *avec remarques, sur chine volant.*

86. — Eau dormante (173). Très belle épreuve sur *chine volant, signée.*

87. — Fantin-Latour, par lui-même *(2 épr.).* — Vénus et l'Amour *(2 épr.).* — A. Berlioz *(2 épr.).* — Ens. six pièces, belles épreuves de l'Artiste.

FORAIN (J.-L.)

88. La Cravate à Polyte. Eau-forte. Très belle épreuve.

89. — Enventail pour le Bal Gavarni (Marcel Guérin 70). Très belle épreuve *imprimée en couleurs.*

GAILLARD (C.-F.)

90. L'Homme à l'Œillet. D'après Van Eyck. Belle épreuve sur *chine monté* (Gazette des Beaux-Arts).

91. — Œdipe. D'après Ingres (Gazette des Beaux Arts). — St Sébastien (L'Art). — Deux pièces, belles épreuves, la 1re sur *chine monté.*

92. — Henri, Comte de Chambord (30). Très belle épreuve *d'état, avec les fleurs de lys blanches ; sur chine monté.*

93. — Dom Guéranger (38). Très belle épreuve du **1er état**, la figure toute grêlée, le fond uniforme.

94. — La même pièce. Très belle épreuve du **2e état**, *sur chine monté*, la figure plus avancée, le fond éclairé dans la partie gauche.

95. — La même pièce. Très belle épreuve du **3e état**, avec quelques nouveaux travaux dans la figure.

96. — La même pièce. Très belle épreuve de l'*état terminé*, sur *chine monté*.

GAUGAIN (P.)

97. La Vierge et l'Enfant. Lithographie. Belle épreuve sur *japon*.

GAVARNI

98. La Chanson de Table (Nuits de Paris). Très belle épreuve sur *chine monté*.

99. — Les Parisiens. Suite complète de 12 pièces, épr. sur *chine monté*. — La Lanterne magique. — L'Artiste, 4 pièces, etc. — Ens. 23 pièces, *la plupart sur chine*.

GREVEDON (H.)

100. S. A. R. Mme la Duchesse de Nemours. D'après Winterhalter. — Grisette. — Deux pièces, belles épreuves, la 1re sur *chine monté*.

HADEN (Seymour)

101. Fulham sur la Tamise (R. D. 18). Très belle épreuve d'*état*, *avant les modifications*, sur *papier ancien*.

102. — Kidwelly Town (R. D. 22). Très belle épreuve *avant la lettre*, *signée*.

103. — La Tamise à Battersea, vue de la fenêtre de Whistler (Old Chelsea ; out of Whistler's Window). (R. D. 45). Très belle épr. du *1er état*, sur *hollande*.

104. — Paysage ? Belle épreuve *sur japon mince*, *avant la lettre*.

HELLEU (P.)

105. Portraits de Femmes. Pointes sèches. Trois pièces. Belles épreuves.

106. — Portrait de Mlle X... Très belle épreuve *imprimée en couleurs, signée.*

HERVIER (A.)

107. Une femme qui lave son linge et un garçon. — Vue de maisons avec deux moulins. — Village sur le bord d'une rivière, grand ciel nuageux. — Maison normande. — Quatre eaux-fortes. Belles épreuves sur *chine monté.*

108. — Barque de pêche à sec devant des maisons de pêcheurs. — Femme lavant dans un baquet. — Étable a porcs. — Cheval buvant. — Barricade de 1848. — Petite rue du Port, env. de Morlaix. — Six lithographies, belles épreuves sur *chine monté.*

HUET (Paul)

109. Les Deux Chaumières (Loys Delteil, 10), *3e état.* — La Maison du Maréchal (43), *1er état.* — Le Soir (44), *1er état.* — Le Clocher d'Harfleur (45), *1er état.* — Le Bord d'un Plateau (60), *2e état.* — Vue de Rouen (63), *3e état.* — Tour de St-Perrou, Auvergne (75), *1er état.* — Sept pièces, belles épreuves sur *chine monté*

INGRES (J.-D.-A.)

110. Les Quatre Magistrats de Besançon, 1825 (Loys Delteil, 8). Belle épreuve.

ISABEY (Eug.)

111. Auvergne : Église St Jean, Thiers ; Église de St-Nectaire ; Croix sur la route de Clermont à Royat ; Donjon du Château de Polignac. — Quatre pièces, belles épr. sur *chine monté*, toutes marges.

112. Souvenir de Bretagne. — Vue de Rouen. — Retour au Port. — Normandie. — Brick échoué, etc. — Sept pièces, belles épreuves (3 sur *chine monté).*

ISRAËL (J.)

113. Enfants épluchant des pommes de terre. — Enfant de pêcheur assis sur la plage. — Deux pièces, belles épreuves *avant la lettre.*

JONGKIND (J.-B.)

114. Batavia (Loys Delteil 16). Très belle épreuve *avant la lettre.*

LALANNE (M.)

115. Animaux au Pâturage. — Le Simoun. — Vue de Grèce. — Paysage italien. — La Charrette. — Le Grand Chêne, etc. Treize pièces, belles épreuves, dont 7 *avant la lettre*, sur *chine et hollande.*

LAUTREC (H. de Toulouse)

116. L'Anglais au Moulin Rouge. Très belle épreuve *imprimée en couleurs, signée et numérotée.*

117. — La Modiste. Belle épreuve.

118. — Les Vieilles Histoires. Couverture. Très belle épreuve *d'artiste, imprimée en couleurs, timbrée.*

LÉANDRE (Ch.)

119. La Nativité. — C. Léandre aux amis du 8 février 1900. — La Pomme, etc. — Quatre pièces. Très belles épreuves, *3 sur japon (la 1re signée).*

LEGRAND (Louis)

120. Sur le bout du banc. — Battersea. — Parole divine *(2 épr.).* — Sous l'averse *(2 épr.).* — Etudes à la pointe sèche *(2 épr.).* — Port. d'Ern. Reyer *(2 épr.).* — Ens. dix pièces, belles épr. de l'Artiste.

LEGROS (A.)

121. Poynter (E.-J.). — Dalou (J.). - Deux pièces, belles épreuves, *avant la lettre, sur hollande.*

122. — Portrait de G.-F. Watts. Lithographie. Très belle épreuve *signée* (Tiré à 10 épr.).

123. — Portrait de Femme. Lithographie. Belle épreuve sur *chine monté* (tiré à 10 épr.).

124. — Tête d'Homme à la grande barbe. Lithographie. Très belle épreuve *signée* (tiré à 6 épr.).

LEHEUTRE (G.), BÉJOT (Eug.)

125. Le Petit Bassin des Tuileries. — Quai de Paris. — Deux pièces, belles épreuves, *la 2e signée.*

LEPÈRE (A.)

126. Embarcadère sur la Tamise (34). Eau-forte. Belle épreuve *avant la lettre, imprimée en bistre.*

127. — Le Pont-Neuf (124). Eau-forte. Très belle épreuve sur *japon, signée.*

128. — Coupeurs de bouts de cigares (236). Bois. Très belle épreuve *signée.*

129. — Le Pont du Béguinage à Bruges. — Marché aux Pommes. — La Halte. Bois. — Ens. trois pièces, belles épreuves.

130. - Marché aux Pommes. Eau forte. — Rue Montorgueil. Bois. — Deux pièces, belles épreuves.

LUNOIS (A.)

131. A l'Imparcial. Très belle épreuve *imprimée en couleurs, numérotée et signée* (N° 28). Encadrée.

132. — Bailarinas Flamencas. Très belle épreuve *imprimée en couleurs, sur chine volant, signée.* (Tirée à 3 épr.).

133. — La même pièce. Très belle épreuve d'*état, imprimée en couleurs*. Encadrée.

134. — Espagnole mettant son soulier. Très belle épreuve d'*artiste, imprimée en couleurs, avec dédicace signée*

135. — Femme Arabe préparant le Couscous. Très belle épreuve sur *chine monté, signée. (Rare).*

136. — Les Panaderos, 1905. Très belle épr. *imprimée en couleurs*, sur *japon, signée et numérotée* (N° 16).

137. — Le Vin. D'après Lhermitte. — Une Réunion à la Salle Graffard. D'après J. Béraud. — Deux pièces, belles épreuves *sur chine, la 1re avec remarque et dédicace signée.*

138. — Baile de Flamenco (Séville). *Imprimée en couleurs* (2 épr.). — Au bord du Zuiderzée *sur chine* (2 épr.). — Ens. quatre pièces, belles épr. de l'Artiste.

MÉRYON (C.)

139. La Pompe Notre-Dame. Très belle épreuve sur *chine monté* (L'Artiste).

MILLET (J.-F.)

140. La Planche aux croquis ou à la Tricoteuse (Loys Delteil 6). Très belle épr. *imprimée sur papier ancien* (tirée à 10 épr.).

141. — Paysan rentrant du fumier (Loys Delteil 11). Belle épreuve sur *hollande*.

142. — Les Glaneuses (12). Très belle épreuve du *2e état*.

MONNIER (H.).

143. Fables de La Fontaine, 20 pièces. — Impressions de Voyage, pl. 1, 2 et 4. — Une Victime de l'ancien Régime. — Grisettes, pl. 5. — Un Propriétaire. — Vingt-six pièces, épreuves *coloriées* (1 en noir).

PRUD'HON (d'après P.-P.).

144. L'Amour séduit l'Innocence, le Plaisir l'entraîne, le Repentir suit. Gravé par B. Roger. Belle épreuve.

145. — Innocence et Amour. Gravé par Villerey, 1817. Belle épreuve.

146. — Mange, mon petit, mange. Gravé par B. Roger. Belle épreuve *avant la lettre*.

RAFFET (A.)

147. Combat d'Oued-Alleg. Belle épreuve sur *chine monté.*

148. — Demi-bataillon de gauche.., joue !... feu !... Chargez (Waterloo). — Bonaparte, général en chef de l'Armée d'Egypte (Campagne de Syrie). — Vive l'Empereur !!! Lutzen, 1813. — La Dernière Charrette, 9 thermidor 1794. — Quatre pièces, belles épreuves du *1er tirage.*

RIBOT (Th.)

149. Le Déjeuner du Chat. — Le Mets brûlé. — Simone et son Curé. — Paysanne de l'Ukraine, etc. — Six pièces, *3 avant la lettre.*

RODIN (A.)

150. Buste de Bellone (Loys Delteil, 3). Belle épreuve sur *japon.*

151. — Le Printemps (L D. 4). Très belle épreuve.

152. — La Ronde (L. D. 5). Très belle épreuve sur *japon*, signée.

153. — Victor-Hugo, de 3/4. (L. D. 6). Très belle épreuve du *5e état* (sur 8), publiée par l'Artiste.

154. — Victor-Hugo, de face (L. D. 7). Très belle épreuve du *4e état* (sur 7).

155. — Henri Becque (L. D. 9). Très belle épr. sur *japon, signée et numérotée.*

156. — Deux Figures (L. D. 13). Lithographie pour le *Jardin des Supplices.* Très belle épr. sur *chine.*

157. — Étude de Femmes nues. Fac-similé Clot. Belle épreuve sur *japon*.

ROPS (F.)

158. Griserie flamande. — Laitière flamande. — Le Parabole du Semeur. — Trois pièces, belles épr. de l'Artiste.

159. — Chez les Shakers. — Dans la Pusta. — Pilier d'Église. — Art moderne. — Le Bassoniste. — La Grève. — L'Oracle du Hameau. — Finis latinorum. — Oncle Claës et Tante Johanna. — La Parabole du Semeur. — Dix pièces, belles épr. de l'Artiste.

STEINLEN (Th.-A.)

160. Bourg breton, 1902. Très belle épreuve *imprimée en couleurs, signée*. (Tiré à 20 épr. ; *une des 4 épr. sur papier ancien bleuté*).

161. — La Maison à l'entrée du village. Très belle épreuve d'*essai de couleurs, signée et numérotée* (n° 2).

162. — Route traversant un village, 1902. Très belle épreuve *signée* (Tiré à 20 épr. numérotées : n° 16).

163. — Amoureux sur un banc. 1902. Très belle épreuve du 2e *état, avec remarque, signée* (tirée à 9 épreuves).

164. — La Blanchisseuse sortant du lavoir. Très belle épreuve d'*état, imprimée en couleurs, signée*.

165. — Blanchisseuses reportant l'ouvrage. 1898. Très belle épreuve d'*essai, imprimée en ocre jaune, signée (Rare)*.

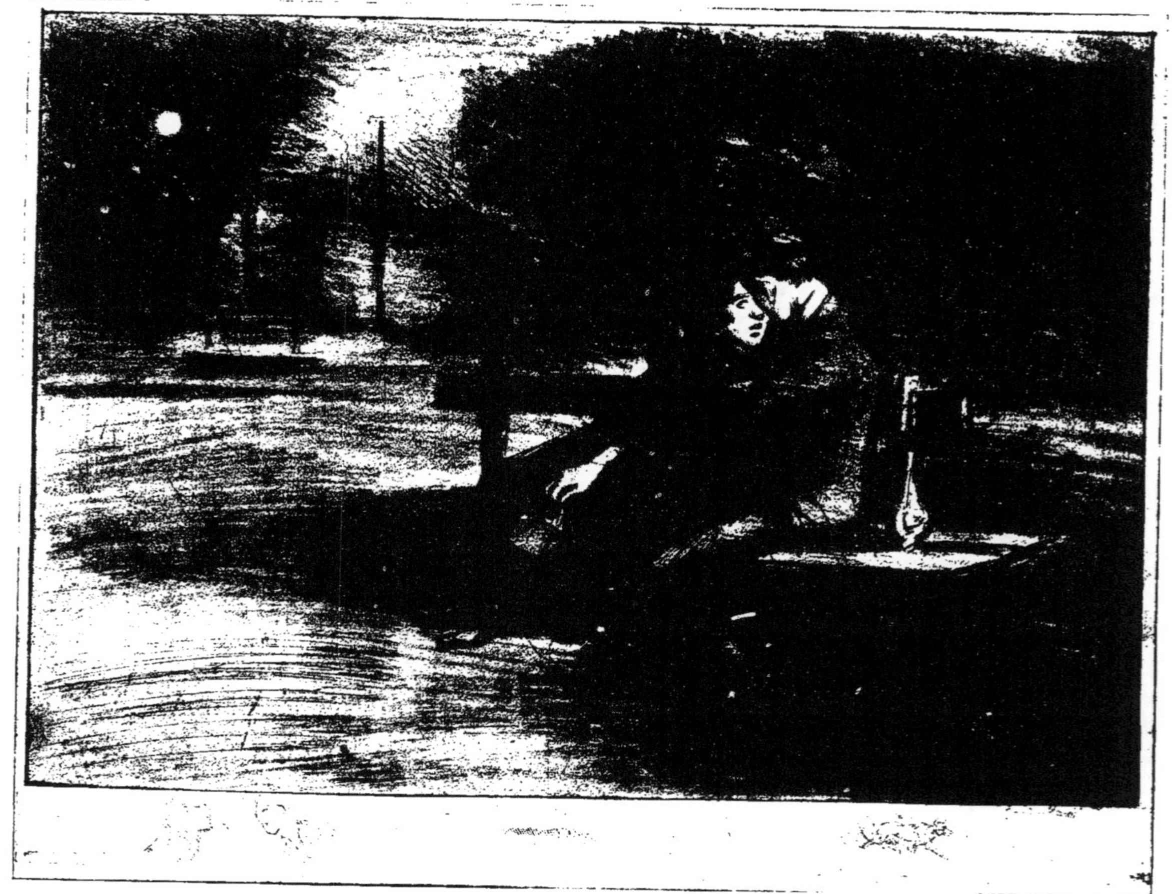

N° 163 du Catalogue

166. — Chemineau traversant un village endormi. Très belle épreuve *avec dédicace, signée*. Encadrée.

167. — Misère. Très belle épreuve *signée, et bon à tirer*.

168. — Pauvre hère. 1902. Très belle épreuve *signée et numérotée* (Epr. n° 13).

169. — Danseuses. *Monotype signé*. Très belle épreuve.

170. — La Loge. *Monotype signé*. Très belle épreuve.

171. — Comme en Quatre-vingt-treize... Lithographie originale. Belle épreuve d'*état, avant la lettre, signée*.

172. — Illustrations du Gil Blas Illustré. — Choix de 66 pièces *coloriées*, extraites de ce Journal, et *montées sur papier vélin fort*.

VEBER (Jean)

173. Thaïs et Atanaël. — La Corne d'abondance. — La Fuite en Egypte. — Trois pièces, très belles épreuves, 2 *imprimées en or et couleurs*.

WALTNER (Ch.)

174. La Comtesse de Barck. D'après H. Regnault. 1876 (H. B. 47). Belle épreuve.

WHISTLER (J.-A.-M.-N.)

175. Une Rue à Londres. Eau-forte. Belle épreuve de la Gazette des Beaux-Arts.

WILLETTE (Ad.)

176. Le Coucher de la Mariée. Très belle épreuve *avec remarque, sur parchemin, signée*.

177. — Aux petits des Oiseaux... — Chanson amoureuse. — Deux pièces, très belles épreuves sur *chine monté* et sur *Japon*.

ZULOAGA (J.)

178. Manolas. Très belle épreuve sur *japon, signée et numérotée*.

DESSINS

CÉZANNE (P.)

179. Étude de nu. Mine de plomb, sous verre.

FAIVRE (A.)

180. Fillette, en buste. Crayons de couleurs, *signé*.

181. — Fillettes assises, dans un paysage. Aquarelle. *Signée*. Encadrée.

182. — Jeune Femme étendue sur l'herbe, lisant. Crayons de couleurs. *Signé*. Sous verre.

183. — Jeune Femme étendue sur un canapé ; chien couché à ses pieds. Important dessin à la sanguine, avec rehauts de blanc. *Signé*. Encadré.

184. — Léda. Crayons de couleurs. *Signé*.

185. — Paysage. Aquarelle. *Signée* Encadrée.

186. — Le Péril jaune dans la Famille. Important dessin à l'encre de chine rehaussé d'aquarelle. *Signé*. (H. 0 m 62 × L. 0 m 49).

187. — Plage. Aquarelle. *Signée*. Sous verre.

188. — Tête de jeune femme et jeune femme à mi-genoux, assise. Crayons de couleurs. *Signé*.

FORAIN (J.-L.)

189. — Qu'est ce que vous faites ?
— On joue à faire semblant de manger !
Au crayon noir. *Signé*. Encadré.

190. — Directeur de théâtre après l'Exposition. D'après Friant. Encre de chine, rehaussé de couleurs. *Signé*.

GAUGAIN (P.)

191. Femme tahitienne. Important dessin au crayon noir, avec aux verso deux autres dessins également au crayon noir : Etudes. Encadré.

GUYS (Constantin)

192. Un Lion. Plume et lavis.

193. — Un Attelage en attente. Plume, lavis et aquarelle. Encadrée

194. — Une Grisette. Importante aquarelle.

195. — Au Bal (Grisettes et étudiants). — Deux importantes aquarelles.

196. — Mondanité. Lavis et aquarelle.

HUARD (Ch.)

197. Marchand de lacets. Important dessin aux deux crayons, *signé*.

PINARD (René)

198. Vieilles Maisons. Crayon noir, lavis et gouache, *Signé*. Encadré.

POINAT (J.)

199. Le Cimetière du Beaucet (Vaucluse), Aquarelle. *Signée*. Encadrée.

SAINT-MARCEL (Edme)

200. Bélier. Crayon gras. *Signé*. Encadré.

201. — Tête de Chien-loup. Crayon gras. *Signé*.

202. — Tigre couché. Crayon gras et aquarelle. *Signé*. Encadré.

STEINLEN (R.-A.)

203. Orphelins. Crayon noir et bleu et encre de chine. *Signé*.

204. — Danseuse dans les rues de Londres. Crayons de couleurs et encre de chine. *Signé*.

TEN CATE

205. Vue de Rotterdam. Crayon et plume. *Signé et daté, 1905*.

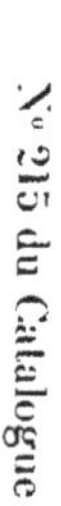

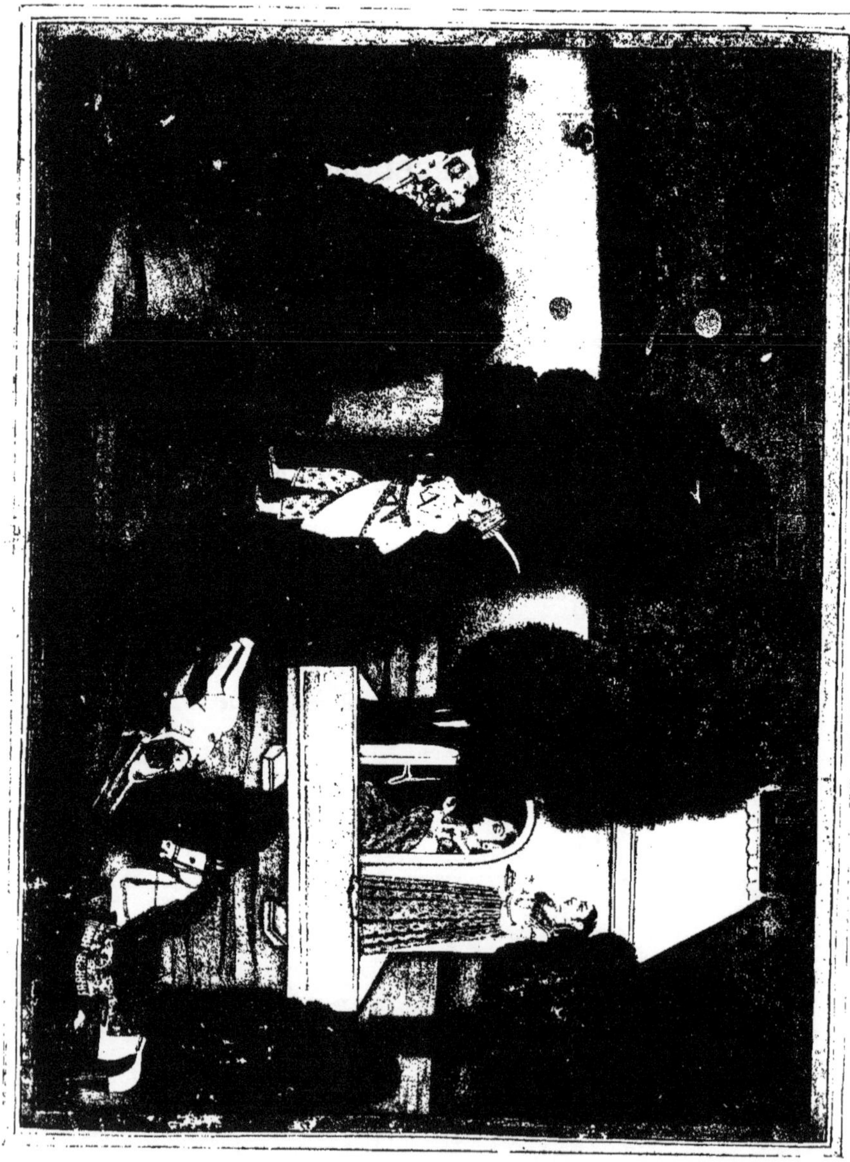

N° 215 du Catalogue

BRONZES

CHARPENTIER (A.)

206. L'Apprenti Serrurier. Bronze. Epreuve carrée. *(Tiré à 12 exemplaires : Ex. n° 10).*

207. — Le même. Épreuve ronde. *(Tiré à 12 exemplaires. Ex. n° 12).*

MEUNIER (Constantin)

208. — Tête de Mineur. Bronze patiné.

Miniatures Persanes et Indo-Persanes

210. Le Chamelier.

211. Un Prince et sa suite.

212. Jeune Femme indo-persane.

213. Prince et Princesse dans les Jardins du Palais et Musiciennes.

214. Scène religieuse ?

215. Sujet d'histoire (Prince, Princesses et Guerriers dans un paysage nocturne).

www.ingramcontent.com/pod-product-compliance
Ingram Content Group UK Ltd.
Pitfield, Milton Keynes, MK11 3LW, UK
UKHW020516180726
13839UKWH00005B/2125